LES RACHATS D'ACTIONS DES SOCIETES COTEES

Sont-ils vraiment créateurs de valeur pour les actionnaires ?

La fin d'un mythe savamment entretenu

Thibault de la Baronnière

A Lily qui m'apporte tant au quotidien,

Cette étude a été originellement réalisée dans le cadre du
mémoire de recherche nécessaire à l'obtention du Diplôme
Supérieur de Comptabilité et de Gestion (DSCG).

L'Auteur

Thibault de la Baronnière est un expert des domaines financiers, immobiliers et des nouvelles technologies au niveau européen. Il est entrepreneur, investisseur et conférencier dans ces domaines.

Diplômé de l'école des Hautes Etudes Commerciales (HEC Paris) d'un Master of Science in Management avec spécialisation en Finance et du Diplôme Supérieur de Comptabilité et de Gestion (DSCG), Thibault a notamment travaillé chez J.P. Morgan à Paris comme analyste financier. Il a ensuite travaillé comme Directeur des Investissements d'un groupe familial international présent dans les secteurs financiers et immobiliers. Depuis, Thibault n'a cessé d'exercer dans ces domaines.

Thibault est également officier de réserve dans la Marine Nationale française avec le grade d'enseigne de vaisseau (lieutenant).

Par le passé, Thibault est notamment intervenu régulièrement comme chroniqueur sur les sujets économiques et financiers sur la chaîne i24News.

Thibault enseigne en outre la gestion d'actifs appliquée à l'immobilier à l'Ecole Nationale Supérieure du Management Immobilier.

Thibault parle couramment français, anglais, espagnol et également hébreu.

Sommaire

Introduction

En janvier 1929 déjà, The Coca-Cola Company mettait en œuvre aux Etats-Unis le premier programme de rachat d'actions de l'histoire. En juillet 2018, cela fera vingt ans que la réforme de juillet 1998[1] reprenant les propositions du rapport Esambert[2] autorise les sociétés cotées en France à racheter leurs propres actions, une mesure qui était déjà possible dans les pays anglo-saxons depuis des décennies. Depuis bientôt vingt ans donc, sous réserve de l'accord de son assemblée générale, une société cotée en France peut mettre en œuvre un programme de rachat d'actions respectant différentes règles.

Loin d'être une mesure anecdotique offerte aux sociétés françaises cotées, la possibilité pour une société cotée de racheter ses propres actions a très vite rencontré un vif succès. En effet, dès la première année d'autorisation de ce mécanisme, deux cent vingt-sept programmes de rachat d'actions furent lancés en France[3]. Près de vingt ans plus tard, cette pratique est

---

[1]Loi n° 98-546 du 2 juillet 1998 portant diverses dispositions d'ordre économique et financier

[2]Esambert B. (1998), *Rapport Esambert sur le rachat par les sociétés de leurs propres actions*, Paris, Commission des Opérations de Bourse

[3]Poincelot D., Schatt A. (1999), *Le rachat de leurs propres actions par les sociétés cotées en bourse : bilan d'une pratique nouvelle en France*, Besançon, Université de Franche-Comté

devenue monnaie courante. Le CAC 40, les quarante sociétés françaises cotées les plus importantes en prenant en compte leur flottant, la partie des actions effectivement susceptibles d'être échangées en Bourse, a ainsi consacré en moyenne 7,5 milliards d'euros par an à des programmes de rachat d'actions depuis 2013[4]. Par cohérence avec l'ampleur du phénomène, nous nous intéresserons, dans la suite de cette étude, exclusivement aux programmes de rachat d'actions au fil de l'eau et non aux offres publiques de rachat d'actions (OPRA), beaucoup plus rares.

Les dirigeants des entreprises cotées en font l'un des instruments de rémunération des actionnaires à leur disposition en complément du dividende, que celui-ci soit payé en numéraire ou en actions, et se targuent de créer ainsi de la valeur pour les actionnaires.

Par souci de simplicité, nous utiliserons sans distinction les termes « programmes de rachat d'actions » ou « rachats d'actions » au fil de ce document. Dans ce contexte, nous nous intéresserons principalement aux cas français mais serons amenés à recourir à des exemples anglo-saxons également.

En outre, nous allons nous intéresser longuement à la logique de création de valeur pour les actionnaires, un terme qui peut sembler clair en apparence mais qui peut en réalité se révéler très flou. Il y a création de valeur pour les actionnaires lorsque la performance de long terme d'un investissement,

---

[4]La Lettre Vernimmen n°146 (2017), Rachat d'actions et dividendes en 2016, *La Lettre Vernimmen n°146*

incluant la partie rendement de celui-ci, est supérieure au coût du capital mobilisé pour ledit investissement. La création de valeur n'est donc pas juste le fait de faire augmenter le cours de Bourse d'une société ou de tout mettre en œuvre, coûte que coûte, pour faire des profits à court ou moyen terme. La logique de création de valeur implique une optimisation de l'utilisation du capital investi, une croissance régulière de l'activité et des profits de telle sorte que l'investissement ait une performance annuelle supérieure au coût du capital, autrement dit que la valeur actualisée des flux financiers disponibles de long terme augmente. On considère que le cours de Bourse sera amené à refléter cette évolution et l'on s'intéressera donc à la logique de ce que l'on appelle en anglais le *Total Return to Shareholders*, c'est-à-dire la performance globale enregistrée par l'actionnaire.

Ainsi, les dirigeants d'entreprises cotées présentent souvent les rachats d'actions comme un cadeau fait aux actionnaires pour augmenter leur rémunération et leur rendre de la valeur.

Qu'en est-il réellement en pratique ? Les sociétés cotées consacrent parfois des sommes considérables à des programmes de rachat de leurs propres actions, à l'instar d'Apple[5] récemment qui a annoncé allouer 210 milliards de dollars à un tel programme ou bien encore de Sanofi[6] qui y a

---

[5]Source : Apple - https://www.apple.com/newsroom/2017/05/apple-reports-second-quarter-results/

[6]Source : Sanofi – Rapport annuel 2016

consacré 2,9 milliards d'euros en 2016. Dès lors, il convient de se demander quelle valeur cela génère-t-il vraiment pour les actionnaires ? Est-ce la meilleure façon de la part des dirigeants de créer de la valeur pour les actionnaires ?

L'objectif de cette étude est de comprendre comment et pourquoi les dirigeants mettent en œuvre ces programmes de rachat d'actions. Nous nous intéresserons ainsi aux justifications théoriques avancées par ceux-ci lorsque ces programmes sont présentés publiquement. Nous analyserons ensuite la valeur que cela apporte en pratique aux actionnaires. Nous étudierons ainsi si cela est véritablement créateur de valeur ou si cela n'est pas plutôt le fruit d'une perception que d'une réalité.

1. Les rachats d'actions par les sociétés cotées : justification théorique et mise en œuvre

Désormais bien ancré dans les habitudes, que ce soit en France ou à l'étranger et notamment dans les pays anglo-saxons, le rachat de ses propres actions par les sociétés cotées est systématiquement présenté par les dirigeants d'entreprises comme l'un des leviers disponibles pour créer de la valeur pour les actionnaires. Cette notion, que nous avons eu l'occasion de définir dans l'introduction, recouvre de nombreuses facettes qui forment le socle de l'argumentaire des dirigeants.

Dans cette partie de notre étude, volontairement orientée sur les aspects théoriques de notre analyse, nous nous intéresserons donc aux arguments mis en avant et soutenant l'intérêt des programmes de rachat d'actions ainsi qu'à la façon dont les entreprises mettent en œuvre ces programmes tant sur l'aspect administratif que sur le plan du financement.

1.1. La justification des dirigeants : créer de la valeur pour les actionnaires

Il n'est pas inutile de rappeler que l'objectif d'un dirigeant d'entreprise est logiquement de veiller à créer de la valeur pour les actionnaires et à optimiser les ressources qui sont mises à sa disposition pour atteindre cet objectif. En conséquence, lorsque les dirigeants de sociétés cotées arguent de la création de valeur du programme de rachat d'actions qu'ils suggèrent, ils sont en théorie complètement dans leur rôle de dirigeant-défenseur des intérêts des actionnaires.

Nous allons dans cette partie nous intéresser aux différents éléments de justification et d'explication mis en avant par les dirigeants pour soutenir leurs programmes de rachat d'actions. Cela nous permettra ainsi de comprendre dans quelle mesure ces arguments les plus courants font bien partie des facteurs de création de valeur pour les actionnaires. Nous verrons ainsi que les rachats d'actions contribuent à la hausse du bénéfice par action (1), qu'il révèle un manque d'opportunités d'investissement suffisamment intéressantes financièrement (2) et qu'utiliser la trésorerie peut donc apparaître comme une bonne décision des dirigeants (3). En outre, nous analyserons que ces programmes de rachats d'actions peuvent permettre de réduire le flottant au profit de certains actionnaires (4), sensibles à une approche de plus long terme que ne le permettent les dividendes (5). Enfin, nous verrons que ces rachats d'actions peuvent offrir une plus grande flexibilité dans la gestion de la structure de capital (6) de la société.

1.1.1. La hausse du bénéfice par action et la fidélisation des actionnaires

Le Bénéfice Par Action ou BPA est égal au résultat net de la société divisé par le nombre d'actions de ladite société. Lorsqu'un programme de rachat d'actions est annoncé par la direction d'une entreprise avec comme visée de supprimer les actions ainsi rachetées, il est indéniable que le bénéfice par action sera amené à progresser, toutes choses égales par ailleurs. En effet, à résultat équivalent, le nombre d'actions de la société diminuant, le résultat par action sera amené à progresser. Si l'analyse primaire de ce mécanisme paraît assez convaincante sur le fait que les rachats d'actions sont créateurs de valeur pour les actionnaires, il ne faut pas oublier de se demander ce que les capitaux mobilisés pour le rachat d'actions auraient pu apporter à la société en termes d'impact sur le bénéfice par action s'ils étaient restés dans la société. On retrouve la logique de la réduction de la trésorerie des entreprises saines financièrement dans les théories de valorisation des entreprises cotées.

En effet, cette hausse du résultat par action est censée contribuer à faire augmenter mécaniquement le cours de l'action. La valeur de l'entreprise étant alors répartie sur un plus faible nombre d'actions, chaque action devrait logiquement avoir un cours plus élevé. Les actionnaires fidèles, ceux qui resteraient investis, seraient alors les grands gagnants de ces opérations grâce à l'appréciation du cours de l'action, bien qu'ils ne perçoivent pas effectivement directement les fruits financiers des programmes de rachats tant qu'ils restent actionnaires. Ce mécanisme contribuerait d'ailleurs à rendre la société plus difficile à racheter ou, en tout cas, contribuerait à forcer les éventuels acquéreurs à augmenter le niveau envisagé de leur offre.

Ce mécanisme fonctionnerait ainsi à l'inverse de la distribution de dividendes qui, le jour du détachement de ce dernier, provoque la baisse mécanique du cours de l'action, ce qui, à usage de trésorerie équivalent, rendrait finalement la société plus facile à cibler par des acheteurs potentiels. Même si la valeur intrinsèque de la société reste la même dans les deux cas, un cours plus élevé avec moins d'actions dans le cas des rachats d'actions rend la société plus difficile à cibler dans la mesure où le capital sera généralement plus concentré autour de blocs d'actionnaires, que ceux-ci soient institutionnels ou salariés notamment.

Ainsi, les dirigeants associent souvent la logique d'augmentation du bénéfice par action avec la capacité à fidéliser les actionnaires qui seraient par conséquent satisfaits de la gestion de la société. En effet, à multiple de valorisation constant, de tels rachats feraient augmenter le cours de l'action étant donné que le résultat par action augmente.

Pour autant, en utilisant cet argument, les dirigeants ne démontrent pas le fait qu'utiliser les moyens de la société pour une telle opération est le choix optimal pour les actionnaires. C'est pourquoi ceux-ci arguent également souvent de l'absence d'opportunités d'investissement pour justifier de l'intérêt de ces opérations pour les actionnaires.

1.1.2. Le manque d'opportunités d'investissement suffisamment intéressantes

Les dirigeants d'entreprises cotées mettant en place un programme de rachat d'actions, et de nombreux économistes de renom dont Pascal Quiry par exemple[7], expliquent souvent qu'ils le font parce que l'entreprise ne dispose plus d'opportunités d'investissement permettant d'espérer une

---

[7] Quiry P. et Le Fur Y. (2016), *Pierre Vernimmen, Finance d'entreprise*, Paris, Dalloz

performance au moins aussi élevée que le coût du capital. Le coût du capital, également appelé coût moyen pondéré du capital, représente la rentabilité exigée des différentes sources de financement de la société pondérée par leur poids dans le financement global de la société.

Globalement, il existe deux grands types d'origines de financement, les fonds propres ou assimilés, apportés en grande partie par les actionnaires, et la dette, dans toutes ses acceptions.

Les modélisations financières des investissements envisagés prennent en compte les probabilités de succès et la logique d'actualisation des flux. Chaque partie prenante va regarder si ces modélisations font ressortir de manière évidente une performance supérieure à la rentabilité attendue. Cette contrainte de rentabilité constitue, du point de vue de la société, une forme de coût. Si les dirigeants n'ont pas la conviction de pouvoir atteindre ce niveau de rentabilité, ceux-ci vont alors souvent considérer qu'il est cohérent de rendre aux actionnaires ces extra-liquidités pour qu'elles soient investies ailleurs. Pascal Quiry y voit d'ailleurs « un cycle naturel et sain »[8]. Il serait cependant légitime de la part des actionnaires de s'interroger sur la valeur ajoutée d'un dirigeant qui n'est pas en mesure de trouver d'axes de croissance pour la société qu'il dirige.

---

[8] La Lettre Vernimmen n°145 (2016), Facebook applique le Vernimmen, *La Lettre Vernimmen n°145*

En effet, si l'on reprend la logique de la matrice du Boston Consulting Group[9], l'activité de la société cotée génératrice de flux financiers disponibles importants correspond à la « vache à lait », en bas à gauche de la matrice. Le fait que les dirigeants envisagent de rendre de l'argent aux actionnaires signifie d'une certaine façon que ceux-ci n'ont pas réussi à développer de nouveaux produits ou services connexes, qu'ils soient déjà au stade de « produits stars » ou bien encore seulement au stade de « dilemme », respectivement en haut à gauche et à droite de cette même matrice.

C'est une justification qui ne doit toutefois pas manquer d'alerter les actionnaires car l'absence d'innovation majeure profitable de la part de la société est le signe que celle-ci court un risque non négligeable de se faire dépasser par des concurrents nouveaux ou existants mais plus innovants, ce qui serait synonyme à terme de destruction de valeur. Et ce d'autant plus qu'en rendant l'argent aux actionnaires avec les rachats d'actions, les dirigeants, en qui les investisseurs ont placé leur confiance, renvoient la charge de la quête de rentabilité sur les actionnaires qui avaient pourtant confié cette mission aux dirigeants.

De surcroit, cet argument peut apparaître finalement comme une incitation à vendre ce titre pour bénéficier de l'argent rendu. En effet, les actionnaires non vendeurs qui resteront investis acceptent que la société dans laquelle ils ont investi reconnaisse son incapacité à innover et à croitre tant en

---

[9] Boston Consulting Group (1980), *Les mécanismes fondamentaux de la compétitivité*, Paris, Hommes et Techniques

interne qu'en externe et tant horizontalement que verticalement.

De la part de la société et des dirigeants, cela revient également à dire qu'il vaut mieux utiliser sa trésorerie et la reverser aux investisseurs plutôt que de la conserver dans l'attente d'un investissement intéressant.

1.1.3. Distribuer la trésorerie plutôt que la conserver

En période de taux bas comme c'est le cas actuellement, les placements de trésorerie ont des taux de rendement très faibles voire parfois même négatifs. Par voie de conséquence, les entreprises cotées très établies à la structure financière saine et stable, qui bénéficient donc d'une prime de risque très faible, arrivent à emprunter à des taux très bas sur des horizons de temps de court-moyen terme. C'est ainsi que le groupe Sanofi[10], par exemple, s'est financé en septembre 2016 sur 6 ans par une émission obligataire de 850 millions d'euros avec un taux d'intérêt fixe annuel de 0%. Compte tenu de cela, les dirigeants d'une société en mesure de se financer à 0% par an sur des durées allant jusqu'à 6 ans peuvent considérer qu'il est opportun de changer la structure financière de l'entreprise en augmentant la pondération de la dette. Evidemment, cela peut passer par le fait d'augmenter l'endettement mais cela peut également passer par le fait de rendre de la trésorerie aux actionnaires, sous forme de dividendes et/ou de rachats

---

[10]Source: Sanofi - Rapport annuel 2016

d'actions. En outre, les actionnaires peuvent percevoir dans cette stratégie de réallocation des sources de financement de l'entreprise le moyen de réaligner les intérêts entre dirigeants et entreprises.

C'est ce que la théorie de l'agence[11] a très bien mis en exergue. Définie par Jensen et Meckling en 1976, cette théorie détaille la complexité des relations entre le ou les actionnaires – le détenteur des moyens de production, de l'entreprise – et le ou les dirigeants – « l'agent » dans le jargon de la théorie – qui ont des intérêts divergents.

L'actionnaire, nous avons eu l'occasion de le voir, cherche à rentabiliser le capital investi dans la durée et l'agent cherche à optimiser, dit plus franchement à augmenter, la rémunération qu'il retire de son travail, ce qui par définition ne peut que venir en réduction d'une partie du profit de l'actionnaire. Par sa position de direction, l'agent dispose, dans son intérêt, d'une capacité à filtrer les informations transmises à l'actionnaire et à contourner tout ou partie des règles établies sans que l'actionnaire ne soit toujours en mesure de s'en rendre compte. De son côté, l'actionnaire subit également des coûts de contrôle et de surveillance de l'agent, appelés dans la théorie les coûts d'agence.

Aligner les intérêts de l'actionnaire et de l'agent apparaît dès lors une vitale nécessité pour le sain développement de la

---

[11]Jensen M. C. et Meckling W. H. (1976), *Theory of the firm: Managerial behavior, agency costs and ownership structure*, Rochester, Université de Rochester

société. Cela passe notamment par des éléments de rémunération accordés aux dirigeants liés aux performances de moyen et long terme et non pas seulement de court terme. Mais cela passe également par le fait de limiter les capacités des dirigeants, non pas tant en termes de pouvoir de décision qu'en termes de capacité financière. Selon cette théorie, réduire la trésorerie non utilisée et disponible de l'entreprise en la redistribuant aux actionnaires est l'un des moyens permettant de limiter le pouvoir des agents et donc les coûts d'agence. En effet, si les agents ont moins de pouvoir, il y a également une moindre nécessité de les encadrer ou de les surveiller. En mettant en place un programme de rachat d'actions, une décision obligatoirement validée par une majorité d'actionnaires présents ou représentés en assemblée générale, les actionnaires limiteraient donc la capacité des dirigeants à prendre des décisions et donc notamment d'éventuelles mauvaises décisions d'investissement.

Dans la lignée de cet intérêt pour la réduction de la trésorerie, on trouve également l'aspect suivant. Les sociétés se serviraient de leur trésorerie pour réduire le flottant et renforcer certains actionnaires.

1.1.4. Réduire le flottant et renforcer un actionnaire au capital de la société

Dans la mesure où, rappelons-le, les dirigeants sont nommés par les actionnaires, notamment généralement sous l'impulsion des actionnaires les plus influents, la décision de mettre en œuvre un programme de rachat d'actions répond parfois à la stratégie du ou des actionnaires détenant de fait le pouvoir de contrôle sur l'entreprise. Ainsi, les actionnaires, même très sensiblement minoritaires, qui ont la capacité de peser sur la nomination des dirigeants peuvent les pousser à lancer un programme de rachat d'actions pour servir leurs propres intérêts. Le rachat d'actions par la société peut ainsi servir, parmi les autres finalités d'une telle opération, à renforcer le poids de cet actionnaire influent dans le capital de ladite société. Celui-ci dispose ainsi avec cette méthode de la possibilité de monter progressivement au capital de la société pour un coût direct nul aux frais de la société dont il est actionnaire et d'une certaine façon en partageant le coût avec les autres actionnaires.

L'un des spécialistes français dans le domaine est Vincent Bolloré. Il a notamment récemment mis en œuvre une telle méthode au sein de Vivendi[12]. Celui-ci, après être monté à 14% dans le capital de Vivendi, a pesé sur la direction du groupe, dont il est devenu président du Conseil de Surveillance, pour faire mettre en place un programme de rachat d'actions et de distribution de dividendes très significatif. Il apparaissait très clairement que l'un des enjeux était de permettre au groupe de Vincent Bolloré de se renforcer au capital de Vivendi sans débourser un centime

---

[12]Lefilliâtre J. (2016), *Bolloré et les 2,5 milliards d'euros que ne verront jamais les salariés de Canal+*, Libération

supplémentaire, 88% des actions rachetées l'étant dans le but d'être annulées[13].

Dans de telles circonstances, l'intérêt général des actionnaires passe alors derrière les intérêts particuliers de l'actionnaire le plus influent qui met en œuvre, ou fait mettre en œuvre, la politique de rachat d'actions qui l'arrange.

Ce dernier n'hésite d'ailleurs souvent pas à expliquer que de tels rachats d'actions sont une mesure à l'impact plus durable que le versement d'un dividende pour justifier une telle opération.

1.1.5. Une alternative au dividende favorisant le long-terme

Comme évoqué précédemment, le rachat d'actions est régulièrement présenté par les dirigeants comme une alternative au versement d'un dividende et comme une méthode complémentaire de rémunération des actionnaires. C'est parfois ce simple paramètre qui est érigé en justification, sans pour autant expliquer l'éventuelle valeur ajoutée des rachats d'actions par rapport au dividende ni même par rapport au fait de garder la trésorerie.

Un programme de rachat d'actions peut être autorisé pour une durée de 18 mois, être mis en œuvre selon un rythme défini par les dirigeants et ne génère pas de revenu

---

[13]Source : Vivendi - https://www.vivendi.com/analystes-investisseurs/informations-reglementees/transactions-sur-actions-propres/

supplémentaire direct pour les actionnaires. Dans cette mesure, celui-ci a une portée beaucoup plus long-termiste pour les actionnaires que la distribution de dividendes qui a un impact instantané. En effet, l'actionnaire qui garde ses actions pendant une période de rachat d'actions n'en bénéficiera pas directement. De surcroit, ce n'est pas parce qu'un programme de rachat d'actions est annoncé et voté qu'il est systématiquement mis en œuvre dans son intégralité.

En outre, toutes les actions rachetées ne sont pas toujours annulées, auquel cas ces rachats évitent généralement certes une plus forte dilution des actionnaires dans le cadre des rémunérations de collaborateurs partiellement en actions (stock-options, actions gratuites…) mais il n'est pas évident de dire que ces rachats ont eu un véritable caractère relutif. On parle de caractère relutif quand l'opération en question entraîne une augmentation du résultat par action. Dans le cas inverse, on parlera de caractère dilutif. Cette politique de rachat d'actions ne devrait d'ailleurs être mise en œuvre que dans le cas où le cours de l'action de la société paraît sous-estimée[14].

La latitude dont disposent les dirigeants dans la mise en œuvre de ces programmes de rachats d'actions leur permet théoriquement d'optimiser plus facilement la structure de capital de l'entreprise.

---

[14] Pedersen M. E. H. (2014), *The Value of Share Buybacks*, Luxembourg, Hvass Laboratories

1.1.6. Une plus grande flexibilité dans la gestion de sa structure de capital

Racheter ses propres actions permet aux sociétés qui procèdent ainsi d'auto-détenir une partie de leur propre capital, théoriquement pour une durée limitée généralement à un maximum de 24 mois. Evidemment, ces actions ne sont pas prises en compte dans les processus décisionnaires ou de rémunération des actionnaires et ce n'est pas là que réside l'intérêt de l'auto-détention d'actions. C'est bien plutôt dans la plus grande flexibilité dans la gestion du capital tant pour des opérations de croissance externe que pour des programmes de rémunération des collaborateurs et/ou des dirigeants.

Ainsi, une société qui aurait accumulé plusieurs points de pourcentage de son propre capital en auto-détention disposerait d'une plus grande flexibilité pour décider de son usage. En effet, si la société trouve une cible à acquérir, dans le cadre d'une opération externe par exemple, elle pourra proposer aux actionnaires de la cible un paiement tout ou partie en actions sans pour autant avoir à mettre en place une augmentation de capital.

De la même façon, si un programme de développement de l'actionnariat salarié ou de *stock-options*[15] est mis en place au sein de la société, celle-ci disposera déjà de tout ou partie des actions nécessaires pour un tel programme. Là encore, cela permettra d'éviter une augmentation de capital, source

---

[15]Le terme de *stock-options* renvoie de façon générique à l'ensemble des formes de rémunération variables exposant au capital de ladite société et intéressant lesdits collaborateurs à l'évolution du cours de l'action.

éventuelle de dilution. En outre, en cas d'annulation des actions rachetées, les sociétés rééquilibreront leur structure de capital entre fonds propres et endettement, ce qui peut leur permettre d'optimiser celle-ci.

Les rachats d'actions visant à s'offrir une telle flexibilité ne devraient être réalisés que dans des situations boursières où les dirigeants considèrent le cours de l'action injustement sous-valorisée par le marché. Dans le cas inverse, cela ne constituerait potentiellement pas le meilleur usage possible de la trésorerie puisqu'ils auraient tendance à surpayer les actions de l'entreprise.

Il existe cependant d'autres explications permettant de comprendre pourquoi les dirigeants apprécient tant désormais mettre en œuvre des programmes de rachat d'actions et force est de constater qu'ils n'insistent pas dessus.

1.2. Ces raisons dissimulées par les dirigeants

Dans la partie précédente, nous avons analysé les différents arguments théoriques avancés par les dirigeants pour justifier la mise en place de programmes de rachat d'actions. Nous ne serons pas surpris de constater que ceux-ci font partie des arguments que la théorie financière a accumulé au fil des décennies sur le sujet. Pour autant, il existe d'autres raisons fondamentales que, le plus souvent, les dirigeants omettront d'aborder, volontairement ou non. Il ne nous appartient pas ici d'en juger même s'il peut être facile de se forger une idée sérieuse sur le sujet.

1.2.1. Une opération favorable aux stock-options des dirigeants

Les rachats d'actions, d'une manière ou d'une autre, tendent normalement à faire augmenter le cours de l'action de la société concernée, à l'inverse d'une distribution de dividendes qui fait baisser mécaniquement le cours de l'action.

Une partie importante voire souvent majoritaire de la rémunération des dirigeants est constituée d'intéressement en actions, quel qu'en soit la forme, et que l'on pourrait regrouper sous le terme anglo-saxon générique de *stock-options*. Ces options d'achat d'actions, toutes formes confondues, ont pour intérêt de voir leur valeur progresser en même temps que le cours de ladite action s'apprécie. Ainsi, en lançant des rachats d'actions en parallèle de la distribution de dividendes, les dirigeants serviraient ainsi également leurs propres intérêts en faisant augmenter le cours de l'action. Les rachats d'actions sont donc beaucoup plus intéressants pour les dirigeants que les dividendes dans la mesure où cela leur permet d'aligner leurs intérêts avec ceux des actionnaires. Evidemment, cette raison-là est d'une certaine façon inavouable aux actionnaires non dirigeants et non-salariés qui ne verraient probablement pas d'un bon œil le biais des dirigeants dans le choix de mettre en œuvre un programme de rachat d'actions.

Non seulement les rachats d'actions contribuent à améliorer la part de leur patrimoine constituée d'actions de la société mais cela leur permet généralement en outre d'en obtenir plus.

1.2.2. Une opération facilitant le fait d'atteindre les objectifs fixés

Dans le cadre de la relation entre actionnaires et « agents-dirigeants », ces derniers se voient fixer des objectifs à atteindre par la structure de gouvernance qui en a la responsabilité, généralement le conseil d'administration ou directoire. Dans le même temps que les objectifs sont déterminés, est également actée la rémunération des dirigeants dans leurs différentes composantes.

Il existe quatre composantes possibles dans la rémunération[16] des dirigeants de sociétés cotées :

- la partie fixe qui prend la forme d'un salaire ;
- la partie variable, très courante dans les grandes sociétés cotées notamment, dont l'ampleur est conditionnée par l'atteinte d'objectifs qui diffèrent dans chaque entreprise ;
- les avantages en nature qui prennent la forme d'appartements ou de voitures de fonction ;
- les jetons de présence au sein des structures de gouvernance de la société.

Le phénomène qui ne manque pas de soulever de nombreuses interrogations, voire d'inquiéter certains actionnaires et investisseurs, est la tendance à la très forte

---

[16] Association Technique d'Harmonisation (2016), *Zoom sur les rémunérations de 400 dirigeants de sociétés cotées – 2015*, Paris, CPC

hausse de la partie variable des rémunérations des dirigeants des grandes entreprises, souvent sans lien direct avec la croissance de l'activité de ladite société.

Il arrive que dans les objectifs fixés aux dirigeants, il y ait un certain niveau de cours moyen de l'action par exemple ou un certain niveau de résultat par action.

Au-delà des performances réelles fondamentales de l'entreprise, les rachats d'actions peuvent alors se révéler un précieux soutien pour les dirigeants de l'entreprise dans leur capacité à atteindre leurs propres objectifs. Ainsi, en mettant en œuvre des programmes de rachat d'actions, non seulement les dirigeants contribuent à améliorer leur propre intérêt financier avec leurs *stock-options*, mais en outre cette opération facilite leur capacité à atteindre une partie des objectifs qui leur ont été fixés.

C'est notamment face à cette tendance de décorrélation[17] entre l'ampleur de la part variable de la rémunération d'un côté et la réalité des performances des dirigeants de l'autre que les pouvoirs publics et les organisations patronales ont fini par se saisir du sujet.

---

[17]Le Revenu (2016), Tableau des rémunérations des dirigeants du CAC 40 en 2015, *Le Revenu*

Ainsi, le Code AFEP-MEDEF[18] ainsi que la loi Sapin 2[19] contribuent à redonner encore un peu plus de pouvoir aux actionnaires en établissant un ensemble de recommandations de bonne gouvernance à suivre d'un côté tout en donnant aux actionnaires le pouvoir d'accepter ou non les rémunérations de leurs dirigeants de l'autre.

Pour autant, sauf exception, les votes d'assemblées générales sont rarement très conflictuels, ce qui ne peut qu'inciter les dirigeants à mettre en œuvre des stratégies clientélistes pour s'assurer d'être confirmés à leur poste.

1.2.3. S'assurer de se maintenir en poste

Ces programmes de rachat d'actions sont souvent cautionnés, si ce n'est activement soutenus, par les principaux actionnaires. C'est d'une part une évidence mais également une nécessité.

Tout d'abord, c'est une évidence parce que, dans une large mesure, les dirigeants en place au sein de la société doivent leur nomination aux actionnaires les plus influents qui auront rallié à eux les autres actionnaires moins influents. Compte tenu de cela, les dirigeants s'enquièrent généralement de mettre en œuvre une politique de gestion qui satisfasse les

---

[18]AFEP-MEDEF (2016), *Code de gouvernement d'entreprise des sociétés cotées*, Paris

[19]Décret n° 2017-340 du 16 mars 2017 relatif à la rémunération des dirigeants et des membres des conseils de surveillance des sociétés anonymes cotées

principaux actionnaires, ceux-là même qui conditionnent d'une certaine façon leur maintien en poste.

De surcroit, c'est une nécessité car dans la mesure où ces actionnaires sont les plus influents, ils ont ce que l'on peut appeler une majorité implicite, c'est-à-dire que nombre d'actionnaires beaucoup plus petits suivront la politique de vote et les résolutions soutenues par ce ou ces actionnaire(s) de référence. Il serait donc difficilement envisageable qu'un programme de rachat d'actions soit voté contre l'avis du ou des principaux actionnaires de référence, quand bien même ceux-ci ne seraient pas majoritaires en voix. C'est d'ailleurs pour cela que les investisseurs activistes tels que Carl Icahn ou Bill Ackman se sont faits une spécialité de débarquer avec fracas dans le capital de grands groupes à l'actionnariat très éclaté en prenant quelques points de pourcentage pour peser médiatiquement sur la direction et leur faire mettre en œuvre des mesures nouvelles de gestion dont souvent la mise en place de rachat d'actions. Evidemment, les dirigeants n'expliquent jamais que l'une des raisons pour lesquelles un tel programme est décidé est que cela plaira aux investisseurs majoritaires, ou à défaut aux actionnaires les plus influents, et ainsi devrait contribuer à leur permettre de rester en poste.

Après avoir étudié les différentes justifications théoriques au fait de mettre en place un programme de rachat d'actions, nous allons nous intéresser à la manière dont ceux-ci sont mis en œuvre.

1.3. La mise en œuvre des programmes de rachat d'actions

Annoncer un programme de rachat d'actions est une chose, le mettre en œuvre en est une autre. Cette mesure demande de suivre quelques étapes et quelques règles d'encadrement. Au-delà de l'aspect administratif de la mise en œuvre, il convient également pour les dirigeants de choisir la ou les méthodes à employer pour procéder au rachat d'actions.

1.3.1. La mise en œuvre administrative

Lancer un programme de rachat d'actions nécessite de faire avaliser le projet par l'assemblée générale des actionnaires. Le plus souvent, l'assemblée générale délègue, au conseil d'administration ou au directoire de la société, le pouvoir d'organiser le programme de rachat d'actions.

Dans chaque pays, le régulateur des marchés financiers, aujourd'hui en France l'Autorité des Marchés Financiers (AMF), hier la Commission des Opérations de Bourse (COB)[20], a fixé différentes règles et contraintes à respecter pour appliquer ces mesures[21]. Celles-ci dépendent de la méthode choisie pour mettre en œuvre le rachat d'actions.

---

[20]Autorité des Marchés Financiers (2017), *Guide relatif aux interventions des émetteurs cotés sur leurs propres titres et aux mesures de stabilisation*, Paris

[21] Règlement (UE) n°596/2014 du Parlement Européen et du Conseil du 16 avril 2014 sur les abus de marché (règlement relatif aux abus de marché) et abrogeant la directive 2003/6/CE du Parlement européen et du Conseil et

Au-delà du pouvoir de validation initiale que les actionnaires possèdent, c'est donc bien le Conseil d'Administration ou le Directoire qui détient les clés de la mise en œuvre de ces programmes.

Des études ont ainsi montré que seulement 65% des programmes de rachat d'actions votés en assemblée générale avaient été mis en œuvre en France sur la période 1998-2010[22], un écart significatif entre l'annonce et la réalisation effective qui montre bien à quel point l'information n'est pas toujours claire et transparente pour les actionnaires dans le domaine des rachats d'actions.

Cette façon de procéder laisse donc les actionnaires un peu dans le flou jusqu'à ce que les informations sur la réalisation effective du programme soit rendues publiques. En outre, les organes de gouvernance ne sont pas toujours transparents sur ce qu'ils prévoient vraiment de faire des actions rachetées dans la mesure où ils mettent souvent en avant plusieurs objectifs simultanément.

1.3.2. Les modes opératoires sur les marchés

Il existe deux grandes méthodes pour procéder au rachat de ses propres actions sur le marché boursier : ce que l'on appelle les

les directives 2003/124/CE, 2003/125/CE et 2004/72/CE de la Commission

[22]Abdia M. et Boubaker S. (2012), Rachat d'actions : les raisons d'un engouement, *Sociétal*, n°77

achats « au fil de l'eau », qui consistent à procéder à des achats réguliers sur le marché, et la mise en œuvre d'une Offre Publique de Rachat d'Actions (OPRA) où la société propose un cours fixe de rachat des actions et une quantité définie de titres au lancement de l'opération. Chacune des deux méthodes répond à des objectifs bien distincts.

1.3.2.1. Les rachats d'actions au fil de l'eau

Procéder à des rachats d'actions réguliers, ce que l'on appelle dans le jargon financier « au fil de l'eau », nécessite de respecter un ensemble de règles. Le programme de rachat d'actions, lorsqu'il est prévu de se faire progressivement, peut être autorisé, en France, pour une durée maximale de dix-huit mois. Le programme dispose également d'un plafond maximal de rachat représentant 10% du capital social de la société tout en veillant à ce que la société ne détienne, directement ou indirectement, jamais plus de 10% de son propre capital social. La société doit également veiller à ne jamais représenter plus de 25% des volumes moyens d'échanges quotidiens. Enfin, un cours maximum de rachat doit aussi être défini.

Cette méthode, selon les évolutions du marché et sans calendrier bien défini à l'avance, offre beaucoup de flexibilité aux dirigeants d'entreprises qui sont en charge de décider des rachats. En effet, ils ont alors toute flexibilité, dans le respect du cadre règlementaire, sur le délai de mise en œuvre, sur la régularité des rachats et sur l'ampleur de ceux-ci.

Cela permet en théorie à la société d'avoir une posture très réactive et éventuellement de saisir l'opportunité de corrections dans les cours de Bourse pour procéder à des rachats d'actions lorsque le cours est bas.

Du point de vue des actionnaires, une telle solution constitue pour eux une boîte noire dont l'issue est incertaine. Ils n'ont en effet qu'une vision a posteriori sur ce qui a été décidé, effectué et finalement sur le lien entre l'annonce, les moyens accordés et la réalité de la mise en œuvre.

Cette méthode redonne donc un pouvoir très important aux dirigeants dans l'application du programme de rachat accepté par les actionnaires.

1.3.2.2. L'Offre Publique de Rachat d'Actions (OPRA)

Cette méthode de rachat d'actions est sensiblement plus lourde administrativement dans la mesure où l'autorité de régulation du marché boursier concerné, l'AMF en France, doit valider les caractéristiques du programme de rachat. Cela implique de préparer en amont des notes d'information détaillant l'ensemble des éléments liés à l'opération de rachat d'actions.

Le calendrier et l'ensemble des autres paramètres, tels que le prix de rachat des actions par exemple, sont également très contraints. Lorsqu'un programme de rachat d'actions est mis en place de la sorte, il est en outre courant que cela se fasse avec une prime par rapport aux derniers cours de l'action, contrairement aux rachats au fil de l'eau, ce qui entraîne un éventuel surcoût significatif, dépendant de la prime et du succès de l'opération.

De surcroit, la société n'a jamais connaissance préalablement à la clôture de l'opération de l'ampleur réelle du rachat d'actions.

Cette solution est donc, pour les dirigeants, synonyme d'une moindre flexibilité et reflète généralement plutôt l'influence d'un actionnaire de référence aux manettes qui met en œuvre sa propre stratégie. En effet, contrairement à la méthode précédente, celle-ci permet de racheter une part de son capital supérieure à 10% du capital social et donc permet éventuellement de servir les intérêts capitalistiques de certains gros actionnaires.

Signe cependant que cette méthode n'entre pas dans la même logique que la plupart des rachats d'actions, on ne dénombre en France que trois mises en œuvre en 2017 (Gaumont[23], Netgem[24] et Assystem[25]), une seule seulement en 2016 (Umanis[26]) et deux en 2015 (Alstom et Linedata Services).

―――――――――――――

[23]Offre publique de rachat initiée par Gaumont portant sur 1 657 313 de ses propres actions en vue de la réduction de son capital - http://www.investisseurs-gaumont.com/Note-d_information-26-04-2017-Finale.pdf

[24]Projet d'Offre publique de rachat prévue pour septembre 2017 portant sur dix millions d'actions - http://www.netgem.com/datas/media/1501225925_SFAF%20-%2028%2007%2017%20(1).pdf

[25] Avis d'offre publique de rachat d'actions portant sur 6 000 000 d'actions Assystem en vue de la réduction de son capital social - https://investisseurs.assystem.com//2017/filesfolder/BALO_24_novembre_2017.pdf

[26]Offre publique de rachat d'actions initiée par Umanis portant sur 330 000 de ses propres actions en vue de la réduction de son capital -

En comparaison, rien qu'en 2016, quatorze sociétés du CAC 40[27] ont consacré au moins cent millions d'euros à des programmes de rachat d'actions au fil de l'eau, une proportion sans commune mesure donc.

C'est pourquoi la présente étude se consacre exclusivement à l'analyse des programmes de rachat d'actions au fil de l'eau. Outre les modalités pratiques de rachat sur le marché, il convient de s'intéresser également aux modes de financement possibles et à leurs impacts respectifs pour la société mettant en œuvre les rachats d'actions.

1.3.3. Les modes de financement

Comme toujours, il existe deux grandes méthodes pour financer un programme de rachat d'actions. L'entreprise peut choisir d'utiliser sa trésorerie ou de recourir à l'emprunt pour financer son programme.

L'utilisation de la trésorerie pour financer les rachats d'actions est le schéma le plus classique et sert d'ailleurs les intérêts des actionnaires qui sont sensibles aux arguments de la

---

http://www.umanis.com/wp-content/uploads/2016/08/26-07-2016-Offre-Publique-de-rachat-dactions.pdf

[27]Par ordre d'importance des rachats d'actions en millions d'euros en 2016 : Sanofi, Vivendi, Schneider Electric, Airbus, Vinci, L'Oréal, Saint Gobain, LVMH, Cap Gemini, Michelin, Technip, Nokia, Sodexo et Renault

théorie de l'agence[28]. Cela contribue d'ailleurs à éviter que la trésorerie ne s'accumule sans être utilisée par les dirigeants. En outre, cela permet de rééquilibrer la structure de capital entre fonds propres et dette, ce qui dans le cas des sociétés financièrement saines est généralement perçu comme une bonne chose.

L'annulation des actions qui suit certains programmes de rachat d'actions entraîne en effet une réduction comptable des fonds propres. Toutes choses égales par ailleurs, la partie dette du passif de la société va donc prendre plus d'importance.

Mais lorsque la situation financière de la société le permet, certaines sociétés peuvent envisager de financer leurs rachats d'actions directement par de l'endettement. L'exemple d'Apple[29] est l'un des plus marquants dans le domaine. Le groupe américain a racheté littéralement des centaines de millions d'actions qu'il a ensuite annulé. Et pour ce faire, il a recouru à près de cent milliards de dollars de dette, ce qui commence d'ailleurs à inquiéter certains investisseurs. Non pas parce que le groupe manque de liquidités mais parce que l'écrasante majorité de celles-ci sont à l'étranger dans des pays à la fiscalité très douce, voire quasi-inexistante. Le groupe table sur le fait qu'il pourra rapatrier à bon compte dans les

---

[28]Jensen M. C. et Meckling W. H. (1976), *Theory of the firm: Managerial behavior, agency costs and ownership structure*, Rochester, Université de Rochester

[29]Source : Apple - https://www.apple.com/newsroom/2017/05/apple-reports-second-quarter-results/

prochaines années sa trésorerie dans le cadre d'une loi fédérale allant dans ce sens, un pari risqué si celle-ci tarde à voir le jour.

Emprunter ou utiliser la trésorerie sont donc globalement les deux facettes d'une même logique d'un programme de rachat d'actions, à savoir rééquilibrer la structure de capital de la société entre fonds propres et endettement.

Après nous être intéressés aux éléments théoriques justifiant la mise en œuvre de programmes de rachat d'actions, nous allons maintenant confronter celle-ci à divers cas réels.

2. Etudes de cas

Dans cette partie, je détaillerai la méthodologie d'analyse empirique mise en œuvre pour la réalisation de ce document. Ensuite, nous analyserons pour quelles raisons la mise en place d'un programme de rachat d'actions constitue globalement aux yeux des investisseurs un signal positif prenant diverses formes, illustrant apparemment le fait que les dirigeants se préoccupent des intérêts de leurs actionnaires et donc de la création de valeur. Nous verrons enfin que, dans les faits, les rachats d'actions ne se révèlent pas forcément si appréciables que cela pour l'actionnaire en termes de création de valeur en dépit du signal perçu.

2.1. Une approche empirique adaptée au sujet

Comme indiqué dans l'introduction, notre étude empirique s'appuie dans une large mesure sur des cas français de grandes sociétés mais fait également appel ponctuellement à des cas de sociétés étrangères et notamment anglo-saxonnes. Le phénomène des programmes de rachat d'actions étant beaucoup plus récent en France qu'aux Etats-Unis ou au Royaume-Uni notamment, il est intéressant et nécessaire d'appuyer cette analyse sur des études et recherches non seulement françaises mais aussi fondées sur des exemples étrangers.

La méthode d'analyse empirique, par observation des pratiques de marché, permet dans ces cas précis de mieux comprendre les pratiques réelles des actionnaires et dirigeants des grands groupes, les véritables raisons motivant les programmes de rachat d'actions et les véritables conséquences et retombées pour les actionnaires, selon que ceux-ci sont majoritaires/influents ou non.

2.2. Les rachats d'actions : un signal envoyé aux marchés

Les marchés financiers sont censés en permanence refléter la valeur de l'ensemble des informations publiquement disponibles.

En outre, la valeur d'un actif sur les marchés est réputée prendre en compte l'ensemble des éléments futurs connus liés à cet actif. La Bourse, et donc notamment les marchés actions, est d'abord et avant tout un lieu d'échange où les différents investisseurs, acheteurs et vendeurs, modélisent leurs anticipations pour chaque actif qu'ils décident d'acheter ou de vendre.

Ensuite, au fil du temps, chaque information est confrontée par chaque investisseur aux anticipations qu'il avait faites, ou pas, de cette même information. Mais le fait est que les dirigeants d'une entreprise disposent évidemment en permanence de plus d'éléments sur leur société et ses perspectives que des investisseurs extérieurs.

Toute la difficulté pour les dirigeants réside dans le fait de transmettre les bons signaux au marché afin que les anticipations des investisseurs soient positives et que le marché reçoive positivement le message envoyé.

C'est tout le sens de la théorie du signal[30] qui insiste sur le fait que les dirigeants, au-delà de s'assurer de prendre les bonnes décisions, doivent convaincre le marché de la pertinence des décisions qu'ils prennent. C'est pourquoi ils ont recours à l'envoi de signaux forts, d'aucuns diraient de messages, au marché pour que celui-ci ait une vision positive des dirigeants et des perspectives de la société.

L'envoi de ces signaux, de ces messages, se révèle souvent plus efficace encore que la réalité des faits et peut parfois réussir à embellir, certains diraient à leurrer, la perception des acteurs qui reçoivent, et donc analysent, le signal.

En effet, dans un marché où chaque acteur essaye d'anticiper ce qu'il peut se passer, les décisions des investisseurs se fondent sur leurs prévisions, en amont de la réalisation des événements. Un signal émanant d'une entreprise est typiquement le genre d'événement de marché susceptible de faire changer les positions des investisseurs au-delà de la réalité de ce qu'il va se passer ensuite par rapport à ce signal.

2.2.1. Un signal positif pour le cours de Bourse

Nous venons de le voir, le fait d'annoncer la mise en place d'un programme de rachat d'actions fait partie des signaux positifs

---

[30] Vermaelen T. (1981), *Common stock repurchases and market signaling: An empirical study*, INSEAD, Paris

bien connus, favorablement perçus par la plupart des investisseurs. Et les études sur le sujet en attestent, l'annonce d'un programme de rachat d'actions contribue à faire augmenter le cours dans les jours qui suivent. Ainsi, une étude Citigroup, menée entre 1991 et 2001, estime que l'excès de rentabilité lié à cette annonce est de 6% quatre mois après l'annonce[31]. Une autre étude[32], menée sur des sociétés cotées en Inde a révélé de son côté que dans un échantillon de sociétés annonçant un programme de rachat d'actions, le pourcentage de sociétés dont le cours était en hausse dans les trente jours avant l'annonce et dans les trente jours après passait de 8% à 38% soit un quasi quintuplement du nombre de sociétés dont le cours était orienté à la hausse. Sur six mois, la tendance est encore plus marquée dans la mesure où la proportion passe de 17% des sociétés en hausse dans les six mois avant l'annonce à 50% sur les six mois suivant l'annonce.

Les programmes de rachat d'actions pourraient ainsi sembler véritablement créateur de valeur dans la mesure où le cours de l'action, qui est la première mesure d'augmentation de la valeur détenue par les actionnaires, serait impacté positivement par l'annonce de ces programmes. Le fait est qu'à ce stade, cela n'est pas tant le rachat d'actions en lui-même qui a créé de la valeur pour les actionnaires que l'annonce de celui-ci, une différence très importante.

---

[31]Quiry P. et Le Fur Y. (2004), *Les rachats d'actions*, Paris, Les Echos

[32]Raval P. (2012), *Do Buyback of Shares Increase Shareholder Value?*, Université de Mumbai

En outre, les économistes Dereeper et Moron ont montré[33] que les rachats d'actions ne sont pas simplement mis en œuvre comme une alternative au dividende mais bien plutôt comme une méthode complémentaire de rémunération des actionnaires. Ainsi, bien que le marché perçoive positivement ces annonces de rachat d'actions, ceux-ci soulignent que le véritable point positif de ces programmes de rachat est qu'en réduisant les liquidités, les dirigeants réduisent également le risque de détruire de la valeur. C'est-à-dire que les dirigeants s'évitent ainsi de choisir d'autres investissements dont les retombées financières pourraient se révéler négatives pour la société. Ils renvoient la charge de ce travail de sélection des investisseurs à leur employeur indirect, à savoir les actionnaires. Pour autant, cette opération n'a pas créé de valeur pour les actionnaires, au même titre qu'une distribution de dividendes n'en crée pas.

Non seulement l'annonce d'un tel programme serait une bonne nouvelle pour les actionnaires pour l'évolution haussière du cours de Bourse mais en outre, ceci serait le signe d'une bonne gestion de la part des dirigeants et d'une gouvernance rationnelle de leur part.

---

[33]Dereeper S. et Moron F. (2006), Rachats d'actions versus dividendes : effet de substitution sur le marché boursier français ?, *Revue Finance Contrôle Stratégie*, 2006, vol. 9, issue 1, 157-186

2.2.2. Un signe de bonne gestion et de gouvernance rationnelle

Les dirigeants mettraient en œuvre une opération de rachat d'actions car ils estiment pragmatiquement que la société est sous-évaluée au niveau actuel de marché ou que celle-ci ne dispose plus d'investissements aux perspectives de rendement suffisamment intéressantes par rapport au coût du capital.

L'investisseur américain à succès Warren Buffet partage dans une certaine mesure cette analyse. Ainsi, dans sa lettre aux investisseurs 2016[34], Warren Buffet souligne que l'unique déterminant à ses yeux de l'intérêt d'un programme de rachat d'actions est le prix auquel ces actions sont rachetées. A un prix de rachat inférieur à la valeur intrinsèque de la société, le programme de rachat d'actions créera de la valeur pour les actionnaires et inversement. Cela devient vraiment intéressant quand celui-ci pointe du doigt le fait que les dirigeants et conseils d'administration des sociétés cotées font souvent très peu attention aux prix auxquels sont rachetées les actions et donc, en dépit de leurs justifications théoriques, ne font pas attention au paramètre essentiel de la création de valeur. Warren Buffet parachève sa démonstration en se demandant si, dans le cadre d'une société non cotée, les dirigeants et le conseil d'administration auraient agi de la même façon. Il conclut à juste titre que ceux-ci n'auraient pas « subi » le prix du marché

---

[34]Buffett W. E. (2017), *Shareholder Letter 2016*, Columbus, Berkshire Hathaway

puisqu'il n'y en a pas, ce qui les aurait incités à s'assurer que le prix de rachat était intéressant avant de racheter les actions.

Pour les économistes français Pascal Quiry et Yann Le Fur[35], il n'y a pas de doute, « *le signal envoyé par un rachat d'actions est clair. Les dirigeants de l'entreprise [....] procèdent à des rachats d'actions, parce qu'ils pensent, au vu des informations que n'a pas le marché, que l'action est sous-évaluée* ».

Ces opérations se révèleraient donc être l'occasion de lutter contre la sous-évaluation ponctuelle de la société par le marché. Ainsi, le marché perçoit le fait que les dirigeants considèrent la société mal traitée en Bourse, sous-évaluée donc, et qu'en rachetant des actions, ils contribueront à rectifier cette anomalie de marché.

On retrouve d'ailleurs cette analyse dans les faits. Les investisseurs dits « activistes » se focalisent sur les sociétés qu'ils considèrent sous-valorisées par le marché et généralement dirigées de manière sous-efficiente pour secouer la politique de gestion en vigueur et insuffler un nouveau style de gestion et de nouvelles décisions.

Très souvent, dans leur liste de mesures recommandées, on retrouve d'ailleurs la mise en place d'un programme de rachat d'actions. Pourquoi ? Notamment, comme énoncé précédemment, parce que la simple annonce d'une telle mesure fait augmenter le cours et que les fonds activistes sont là pour faire progresser les cours des actions des sociétés dans

---

[35]Quiry P. et Le Fur Y. (2004), *Les rachats d'actions*, Paris, Les Echos

lesquelles ils ont investi afin d'en ressortir ultérieurement avec une plus-value augmentée éventuellement de la perception de dividendes pendant la période de détention.

A titre d'exemple, il est intéressant de noter le cas de la lettre aux actionnaires[36] de Jeff Immelt, Président Directeur Général de General Electric, dans laquelle il revendique le fait d'avoir joué le rôle de son propre activiste. Il revendique également le fait d'avoir redonné de l'argent aux actionnaires via des rachats d'actions. On le sait, les investisseurs activistes mettent toutes les stratégies possibles en œuvre pour retirer de la valeur des sociétés dans lesquelles ils investissent[37]. Avec cet exemple, nous avons la parfaite illustration d'une forme de duplicité d'un dirigeant par rapport aux investisseurs activistes. Celui-ci se targue de bien gérer sa société étant donné qu'il met en œuvre ce qu'aurait souhaité des investisseurs activistes.

De la même manière que les investisseurs activistes, celui-ci n'apporte pourtant pas la preuve que de tels programmes de rachat d'actions génèrent un véritable impact financier durable positif pour les actionnaires.

---

[36]Immelt J. R. (2016), *Shareholder Letter to Investors*, New York, General Electric

[37]Marino J. (2015), Hedge funds are shaking up corporate America and Wall Street couldn't be happier, Business Insider

2.3. Un impact demeurant en pratique très limité

Les rachats d'actions sont peut-être de bons signes pour les marchés sur la société et la façon dont celle-ci est gérée mais cela ne nous dit pas s'ils ont été concrètement sources de création de valeur pour les actionnaires. Et c'est là que le bât blesse. Dans les faits, le pragmatisme de l'observation nous montre plutôt le contraire. L'impact d'un programme de rachat d'actions demeure très limité dans le temps mais aussi en ampleur, le sursaut boursier n'étant que ponctuel.

Les rachats d'actions se révèlent être le meilleur moyen d'embellir la situation d'une société, de donner l'impression que la société se porte mieux, compte tenu des indicateurs financiers et économiques bien connus qui sont regardés par les investisseurs et analystes. Lorsque l'on sait quels éléments sont pris en compte par des tiers observateurs, il devient facile pour les dirigeants de mettre en œuvre une stratégie pour améliorer ceux-ci au détriment du reste des fondamentaux de l'entreprise.

En leurrant les investisseurs par des méthodes impactant les données analysées et en satisfaisant les plus bruyants et les plus actifs d'entre eux, au premier rang desquels les investisseurs activistes, les dirigeants s'assureraient de rester plus longtemps en poste et de surcroit d'optimiser leur rémunération liée dans une importante proportion au cours de l'action.

L'analyse des raisons avancées par les dirigeants lors de l'annonce de la mise en place de programmes de rachat d'actions est assez éclairante sur les véritables enjeux de ceux-ci. Il ressort ainsi d'une étude menée par les professeurs Abdia et Boubaker en 2012[38], sur la période 1998-2010, que les sociétés françaises ont placé comme objectif prioritaire des rachats d'actions le fait de réguler les cours de Bourse et le plus souvent dans un second temps de distribuer des actions aux salariés, et évidemment dans la foulée aux dirigeants. Le fait d'annuler les titres acquis sur le marché ne ressort le plus souvent que comme la quatrième raison de ces rachats, signe que cela n'est pas la préoccupation principale des dirigeants.

L'étude de Poincelot et Schatt réalisée en 1999[39], un an seulement après le lancement des premiers programmes de rachat d'actions, arrivait déjà aux mêmes conclusions.

Dans très peu de cas seulement donc, un effet relutif est véritablement recherché dans ces rachats au profit de la « régulation » des cours, une notion qui reste tout de même floue et dont l'efficacité reste difficile à mesurer. En revanche, que ce soit pour des versements de dividendes ou des rachats d'actions, c'est bien d'une façon ou d'une autre l'actionnaire qui est mis à contribution.

---

[38]Abdia M. et Boubaker S. (2012), Rachat d'actions : les raisons d'un engouement, *Sociétal*, n°77

[39] Poincelot D., Schatt A. (1999), *Le rachat de leurs propres actions par les sociétés cotées en bourse : bilan d'une pratique nouvelle en France*, Besançon, Université de Franche-Comté

2.3.1. Dans tous les cas, une contribution de l'actionnaire pour l'actionnaire

Un point qui semble régulièrement éludé lorsque le sujet des rachats d'actions est abordé est le fait que dans tous les cas, ce sont les actionnaires qui, d'une certaine façon, paient les mesures telles que les distributions de dividendes ou les rachats d'actions.

En effet, soit la société ne verse pas de dividendes ni ne rachète d'actions auquel cas la société dispose de plus de trésorerie et son cours le reflète, soit celle-ci utilise cette trésorerie pour verser des dividendes et/ou racheter des actions et le cours doit le refléter.

Dans tous les cas, la valorisation par le marché de la présence ou non de cette trésorerie bénéficie à l'actionnaire dans la valorisation du cours de bourse et lorsque le cours est plus faible après un dividende, c'est bien parce qu'il a perçu celui-ci. Lorsque le cours est, à court terme en tout cas, plus élevé après l'annonce d'un programme de rachat d'actions, c'est bien parce qu'à terme, toutes choses égales par ailleurs, la société est censée avoir moins d'actions en circulation et donc un résultat par action plus élevé.

Si la fiscalité joue un rôle pour l'investisseur, il peut apparaître plus intéressant de reporter la matérialisation d'un revenu et d'un profit et le rachat d'actions peut dès lors sembler plus intéressant. Mais dans la plupart des pays, il existe des enveloppes d'investissement fiscalement attractives tant que l'argent investi n'est pas récupéré, comme c'est le cas pour le Plan d'Epargne en Actions en France, auquel cas, la différence entre un revenu présent certain – le dividende – et un revenu théorique futur lié à une plus-value due aux rachats d'actions est fiscalement inexistante.

Dès lors, l'utilité du rachat d'actions en termes de création de valeur n'est pas flagrante d'autant plus que la véritable augmentation du cours de l'action due aux rachats d'actions est tout sauf certaine sauf à considérer que le niveau du bénéfice par action est le seul paramètre pris en compte par les investisseurs et l'on sait bien que ce n'est pas le cas.

De surcroit, en période de baisse des marchés, la corrélation entre les titres boursiers, mesurée par le Beta, augmente. Cela tend à réduire l'intérêt de détenir les titres de sociétés qui auraient précédemment racheté leurs actions dans la mesure où tous les titres subiront peu ou prou la même ampleur de baisse, que la société ait procédé à des rachats d'actions ou non.

Ainsi, quitte à ce que l'actionnaire se paye indirectement à lui-même une forme de revenu par le fait même qu'il soit actionnaire, il paraît plus intéressant pour lui de percevoir un dividende que d'être l'hypothétique bénéficiaire de la plus-value liée aux rachats et annulations d'actions. Et ce d'autant que les dividendes bénéficient à tous les actionnaires, et donc notamment aux actionnaires fidèles, alors que pour matérialiser les hypothétiques bénéfices des rachats d'actions, les actionnaires doivent vendre leurs titres.

Cela n'est pas pour rien que les fonds activistes plaident pour des programmes de rachats d'actions, en quête d'un gain financier sur un horizon court, qui de surcroit sert comme on l'a vu également les intérêts du dirigeant au détriment des actionnaires fidèles.

On peut ici faire le parallèle avec le secteur immobilier où les actionnaires fidèles seraient l'équivalent des investisseurs locatifs, engagés dans la durée auprès de leur bien. En parallèle, les fonds activistes agissent comme des marchands de biens immobiliers. Ils arrivent, réorganisent tout l'actif et le déstructurent afin d'optimiser la valeur, la matérialisent puis revendent l'actif pour passer à un autre projet. Ont-ils créé de la valeur pour l'actif ? Généralement aucune, si ce n'est pour eux-mêmes.

Ces comportements sont problématiques car ils reviennent à rémunérer les investisseurs ayant une démarche opportuniste et donc plus court-termiste au détriment des actionnaires fidèles.

En raison de l'alignement d'intérêts entre les investisseurs opportunistes/activistes ou influents et ceux des dirigeants des sociétés cotées dans la mise en œuvre des programmes de rachat d'actions, les actionnaires les plus fidèles, parfois loin d'être les plus influents ou exposés médiatiquement, finissent par subir une gestion qui, peu à peu, en vient à être rivée sur les objectifs financiers à court terme.

De manière très intéressante, Larry D. Fink, le Président Directeur Général de la société de gestion d'importance mondiale BlackRock[40], pointe du doigt lui aussi les travers des rachats d'actions qui servent une logique de court terme. Ils déplorent ainsi que ces programmes aient été mis en œuvre au détriment de l'innovation, du développement d'une main d'œuvre qualifiée et d'investissements nécessaires au maintien d'une croissance durable dans la durée.

Mais ce n'est pas le seul élément, le rachat d'actions par les sociétés est souvent agité comme un indicateur de gestion vertueuse alors qu'il agit comme un véritable trompe-l'œil financier.

2.3.2. De la poudre aux yeux des investisseurs

C'est un fait que l'on observe régulièrement et corroboré par de nombreuses études, les programmes de rachat d'actions ont un impact positif très limité dans la durée. D'une certaine façon, cela revient à confirmer que c'est bien l'effet surprise de l'annonce initiale qui crée le sursaut de marché plus encore que la mise en œuvre du programme en lui-même.

Ainsi, dans l'étude sur le marché indien citée précédemment, celle-ci révèle que l'effet positif sur le cours de Bourse de l'annonce d'un programme de rachat d'actions ne se maintient dans le temps que lorsque la société a des

---

[40]Fink L. (2017), *Annual letter to CEOs – I write on behalf of our clients…*, New York, BlackRock

fondamentaux financiers solides[41]. Ainsi, le rachat d'actions a certes un effet de soutien du cours très ponctuel mais ne suffira pas à porter l'action durablement si la société est fragile financièrement.

Quand bien même le programme de rachat d'actions fait augmenter le bénéfice par action, ce qui implique déjà que les actions rachetées aient été supprimées ce qui est loin d'être toujours le cas, on constate le plus souvent qu'il dissimule une stagnation du profit global de l'entreprise.

En ce sens, l'exemple d'IBM est frappant. Sur les dix années 2006 à 2015, la société IBM a consacré 125 milliards de dollars à des rachats d'actions[42]. Sur les cinq années 2011 à 2015, IBM a vu son nombre d'actions baisser d'environ 20% et son bénéfice par action augmenter de 15% environ. Mais sur la même période, qu'ont fait son résultat global et son chiffre d'affaires ? Ils ont chuté, de 11% notamment pour le bénéfice, un élément loin d'être fondamentalement très positif. Sur ces cinq années d'ailleurs, le cours de l'action a fini par baisser de 7,1% quand l'indice de référence d'IBM, le S&P 500[43], a

---

[41]Raval P. (2012), Do Buyback of Shares Increase Shareholder Value?, Université de Mumbai

[42]Bryan B. (2016), US companies have spent $2 trillion doing something that has absolutely no impact on their business, Business Insider

[43]Le S&P 500, pour Standard & Poor's 500, est un indice boursier mesurant la variation des cours des 500 plus grandes sociétés américaines cotées au New York Stock Exchange ou au NASDAQ, les deux principales Bourses Actions des Etats-Unis.

progressé de plus de 55%, une évolution sans commune mesure.

Un autre soutien de cette analyse est, de manière très surprenante en apparence, l'investisseur activiste Carl Icahn lui-même, qui déclarait en septembre 2016 dans une interview à la chaîne de télévision américaine CNBC qu'il considérait qu'il y avait trop de sociétés qui mettaient en œuvre des programmes de rachat d'actions[44] et que cela faisait courir un risque dans la durée aux sociétés dans leur capacité à évoluer, à innover et à s'adapter aux changements.

Un parallèle simple et très parlant dans ce domaine est celui du restaurateur qui souhaite satisfaire les investisseurs de son restaurant. Le restaurateur est dépité par le fait qu'il n'arrive pas à faire augmenter son profit global, compte tenu du flux de clients qui n'augmente pas. En conséquence, le profit de son restaurant rapporté au nombre de tables disponibles dans celui-ci non seulement stagne mais demeure médiocre. C'est alors qu'il trouve la solution de réduire le nombre de tables dans son restaurant pour lui donner un air plus élitiste et augmenter le résultat par table. En effet, avec toujours autant de clients à chaque service, la baisse du nombre de tables fait mécaniquement progresser le profit par table et le taux de remplissage du restaurant. Les investisseurs sont désormais contents et la gestion du restaurateur n'est plus remise en cause.

---

[44]CNBC (2016), https://www.cnbc.com/2016/06/09/carl-icahn-soros-has-points-with-bearish-bets-stocks-falsely-being-propped-up.html

Pourtant, le restaurant ne fait pas plus de profit et a clairement échoué à se réinventer pour mieux satisfaire la clientèle de sa zone de chalandise. C'est en s'accommodant des indicateurs financiers pris en compte par ses investisseurs que le restaurateur a résolu son problème et non pas en résolvant le problème structurel auquel son restaurant devait faire face. Sa solution, à l'instar des programmes de rachat d'actions, a donc bien fonctionné comme de la poudre aux yeux des investisseurs.

Progressivement, on commence à se rendre compte qu'en dépit des aspects théoriques mis en avant lorsque l'on nous présente des programmes de rachat d'actions, il n'est pas si évident que cela d'observer que ceux-ci créent de la valeur.

2.3.3. Les rachats d'actions ne créent pas de valeur pour les actionnaires

Evidemment, comme indiqué précédemment, la théorie financière regorge d'arguments qui nous expliquent pourquoi les rachats d'actions sont une bonne chose pour les investisseurs-actionnaires. Le problème de tout cela réside dans le fait que ces éléments théoriques doivent interagir avec les autres mécanismes de marché et de l'économie. C'est quand on le confronte à la réalité que l'on se rend compte que les rachats d'actions ne créent pas, le plus souvent, de valeur pour les actionnaires.

Sur les marchés financiers, nombre d'investisseurs peu au fait des bonnes méthodes de gestion croient encore que le moment où l'on investit va jouer un rôle important dans la performance que l'on enregistrera.

En pratique, c'est l'élément le moins important entre l'allocation stratégique, la sélection des actifs et le *market timing* ou allocation tactique. Diverses études l'ont démontré et notamment une portant sur quatre-vingt-onze fonds d'investissement américains[45]. Il ressort de celle-ci que l'allocation tactique, aussi appelé *market timing*, c'est-à-dire l'allocation de portefeuille de court terme fonction des mouvements de marché anticipés, ne contribuait pas à plus de 2% de la performance globale d'un portefeuille. Essayer d'anticiper les mouvements de marché se révèle donc en pratique impossible et cela ne doit pas être tenté. Il en va donc de même dans le cadre des rachats d'actions finalement.

Comme indiqué ci-dessus, la seule situation de marché où racheter des actions fait vraiment sens pour une société est lorsque ces actions sont inférieures à leur valeur intrinsèque. Malheureusement, il est très difficile pour les dirigeants, comme pour tout investisseur, de savoir quand cela est véritablement le cas. Très souvent, le paradoxe veut que lorsque le cours aura fortement chuté, les dirigeants auront le réflexe par sécurité d'arrêter les rachats d'actions. Ils sont en revanche fortement susceptibles de se mettre à les relancer quand

---

[45]Brinson G. P., Hood L. R. et Beebower G. L. (1986), Determinants of Portfolio Performance, *The Financial Analysts Journal* et une mise à jour avec Brinson G. P., Singer B. D. et Beebower G. L. (1991), Determinants of Portfolio Performance II: An Update, *The Financial Analysts Journal*, 47, 3.

l'activité va mieux mais, généralement, le cours est déjà reparti à la hausse depuis longtemps.

C'est ce que reflète une étude du cabinet de conseil international McKinsey sur le sujet[46]. Les rédacteurs de l'étude concluent au fait que trouver le bon moment pour mettre en œuvre un programme de rachat d'actions est tellement compliqué pour les dirigeants que la meilleure solution est de ne pas le chercher et de le mettre en œuvre de manière régulière quel que soit le niveau du cours de l'action.

Malheureusement, les dirigeants font tout l'inverse. Ils tendent tous à acheter au plus haut. Bilan de ces opérations dans l'échantillon de leur étude, les sociétés ayant racheté 5% à 25% de leur capital ont enregistré un retard médian dans leur performance boursière de 4,5% par an par rapport au marché de référence et seulement 31% des programmes de rachats d'actions se sont révélés créateurs de valeur pour les actionnaires, une piètre performance.

En outre, on constate également qu'une fois les programmes de rachat d'actions annoncés, les dirigeants sont prêts à tout mettre en œuvre pour financer lesdits programmes, en dépit des situations de crise que la société peut connaître[47].

---

[46] Jiang B. et Koller T. (2011), The savvy executive's guide to buying back shares, New York, Mc Kinsey

[47] Huang R. (2017), *Are Open Market Share Repurchase Programs Really Flexible ?*, Urbana-Champaign, Université de l'Illinois

C'est ainsi que les efforts financiers des sociétés continuant à racheter leurs actions pendant la crise de 2007 ont été chiffrés : une baisse moyenne supplémentaire de 1,9 point d'investissement et de 9 points des dépenses de recherche et développement par rapport aux sociétés dont le programme de rachat d'actions était déjà terminé. Ces efforts financiers ont permis auxdites sociétés de racheter 84% en moyenne des montants annoncés. Mais à quel prix pour le futur de l'entreprise ?

Si les rachats d'actions ne créent pas de valeur en raison du fait que les dirigeants rachètent les actions quasiment systématiquement au moment le moins opportun, il serait relativement aisé de corriger ce biais et ainsi de s'assurer que l'on crée bien de la valeur pour les actionnaires.

Toutefois, cela n'est pas la seule raison. En effet, non seulement les programmes de rachat d'actions sont menés de manière inefficiente pour les actionnaires, mais en plus l'indicateur de performance le plus regardé par les investisseurs, les journalistes et souvent les dirigeants, à savoir le bénéfice par action, est un piètre indicateur de la véritable création de valeur pour les actionnaires.

Beaucoup d'acteurs du marché se sont tellement habitués à comparer les sociétés entre elles à l'aune de leur résultat par action qu'ils en oublient que cet élément ne garantit pas un bon couple rendement-performance dans la durée pour les actionnaires. Ils en oublient également que ce n'est pas l'objectif premier à atteindre lorsque l'on dirige une société, quand bien même faut-il rendre compte à des actionnaires extérieurs.

Ces éléments sont corroborés notamment par une étude du cabinet de conseil McKinsey[48] qui a établi qu'il n'existait aucune corrélation entre l'intensité des rachats d'actions et la performance totale enregistrée par les actionnaires. L'étude relève ainsi très justement que c'est la génération de flux financiers, et donc du retour sur investissement, qui est à l'origine de la création de valeur pour les actionnaires et non les rachats d'actions.

Les rachats d'actions ne sont que l'une des modalités possibles, de surcroit certainement pas la plus optimale, pour rendre de l'argent aux actionnaires.

L'étude rappelle très justement que lorsque l'on avance des arguments en faveur des rachats d'actions, la création de valeur éventuelle est rarement comparée à ce que l'on obtiendrait des utilisations alternatives possibles des liquidités. Celles-ci pourraient en effet être utilisées afin de rembourser les dettes de l'entreprise, afin d'investir dans de nouvelles opportunités de croissance ou bien encore afin d'augmenter la trésorerie ou les dividendes par exemple.

Face à chacun de ces scénarios, les rachats d'actions ont le même impact pour les actionnaires ou, pire, un impact négatif par rapport à l'autre utilisation des liquidités. C'est le cas dans l'éventualité où une société procèderait à un investissement dont la performance est supérieure au coût du capital. Evidemment, la différence majeure avec un rachat

---

[48] Ezekoye O. et Koller T. et Mittal A. (2016), How share repurchases boost earnings without improving returns, New York, Mc Kinsey

d'actions est que, comme tout investissement, la perception des fruits de cet investissement se fera de façon plus étalée dans le temps et nécessite de développer une approche de long terme qui va à l'opposé de la logique du rachat d'actions.

Dès lors, on se rend compte que contrairement à ce que disent les dirigeants, il n'est pas certain que les programmes de rachat d'actions soient la meilleure décision pour les actionnaires.

2.3.4. Comment savoir que racheter des actions est la meilleure option possible ?

Le monde est incertain et il est difficile de vraiment savoir quelles seront les innovations majeures des prochaines années et décennies. Rappelons-le, Facebook n'a été créée qu'en 2004. L'incontournable vendeur du web Amazon n'a que dix ans de plus. Et les exemples de sociétés qui ont chamboulé notre quotidien ne manquent pas.

Pourtant, il est très courant de lire, tant dans le champ théorique que pratique, tant de la part de chercheurs que de dirigeants, que les rachats d'actions permettent de rendre de l'argent aux actionnaires. Ils arguent du fait qu'il n'y a pas de meilleure alternative en termes d'investissement au sein de l'entreprise.

Tout d'abord, cet argument est difficile à entendre moralement car le rôle des dirigeants, nommés par les actionnaires, est non seulement de gérer la société au quotidien évidemment mais aussi et surtout d'optimiser la valeur de la société, et donc l'importance de ses profits, dans la durée.

Un dirigeant qui considèrerait qu'il ne peut rien faire de mieux avec l'argent de la société que de le rendre aux actionnaires serait en constat d'échec de sa mission de préparer l'avenir.

En outre, un tel argument reviendrait à considérer que ces dirigeants savent très bien ce que l'avenir réserve à leurs secteurs d'activité et à leurs marchés, une démarche bien présomptueuse dans le monde actuel.

En ce sens, l'exemple de Kodak est très éclairant[49]. En seulement quelques années, la société qui était l'un des leaders incontestés des appareils photos a été dépassé par l'apparition des smartphones permettant de prendre des photos d'aussi bonne qualité que nombre d'appareils photos. Le problème, c'est qu'à l'époque où la société enregistrait encore des profits confortables, jusqu'à 2004, et même encore après, les dirigeants n'ont pas innové et ont littéralement subi les transformations du marché. Pire encore, à partir de 2008, alors même que la société était notée *junk bonds*[50] par les agences de notation, les dirigeants ont préféré mettre en œuvre des rachats d'actions

[49]Englund E. (2011), Buyback Blowback at Kodak, Boise, *Boise State University*

[50]Obligations pourries en français, les obligations des entreprises ayant une piètre qualité de credit, c'est-à-dire une situation financière dégradée amenant à douter de la capacité à rembourser les dettes

massifs alors même que la société enregistrait des pertes à chaque trimestre.

Quelques années plus tard, payant les conséquences de cette gestion court-termiste, le groupe sera obligé de se déclarer en état de cessation de paiement, n'arrivant pas à faire face à ses obligations financières. Dès lors, sauf peut-être à de rares exceptions près comme les Google, Amazon, Facebook et Apple (GAFA) qui détiennent des centaines de milliards de dollars de liquidités, mais dont il n'est pas certain que leur cours de Bourse soit inférieur à leur valeur intrinsèque, il apparaît difficile de soutenir avec crédibilité qu'une société et surtout ses dirigeants n'ont rien de mieux à faire pour créer de la valeur, ou pour ne pas en détruire, que de rendre de l'argent aux actionnaires en procédant à des rachats d'actions.

Conclusion

Les éléments théoriques permettant de justifier le rationnel de la mise en place de programmes de rachat d'actions par des sociétés cotées ne manquent pas.

Elevés au fil des dernières décennies en véritable alternative à la distribution de dividendes, les programmes de rachat d'actions atteignent ces dernières années des sommes record qui se comptent en dizaines de milliards d'euros, pour la France, et en centaines de milliards d'euros dans des pays comme les Etats-Unis, dépassant même régulièrement les sommes allouées aux dividendes.

Systématiquement présenté par les dirigeants d'entreprises cotées comme un moyen efficace de création de valeur pour les actionnaires, l'annonce de la mise en place de rachats d'actions déclenche le plus souvent un bond seulement ponctuel du cours de l'action.

Les marchés boursiers semblent donc généralement apprécier cette annonce. Pour autant, ceux-ci semblent faire abstraction du fait que dans le cas d'un versement de dividendes comme dans le cas de rachats d'actions, ce sont les actionnaires qui, d'une façon ou d'une autre, payent les dividendes ou les rachats d'actions. Le premier point qu'il faut donc retenir de cette étude est que ces formes de rémunération, et donc a fortiori les programmes de rachat d'actions, sont simplement des moyens de rendre de l'argent à tout ou partie des actionnaires. S'il s'agit d'une forme de rémunération, cela n'est donc pas une décision stratégique qui impacte véritablement la valeur possédée par chaque actionnaire. Ce qui n'est plus dans la poche de droite, celle du portefeuille d'actions, passe dans la poche de gauche, celle des liquidités.

En cela, les rachats d'actions, de la même façon que les dividendes, ne sont donc pas une source de création de valeur.

Dès lors, il convient de se poser la question de savoir si des rachats d'actions constituent, de la part des dirigeants et de l'entreprise, le meilleur usage possible pour les actionnaires des liquidités dont l'entreprise dispose.

Est-ce que les rachats d'actions se font alors que la société est considérée comme sous-évaluée ? Non, le paradoxe veut que généralement plus le cours de l'action est élevé, et donc plus la société est valorisée, plus les rachats sont importants.

Y avait-il un meilleur usage possible de cet argent ? Oui, investir pour développer de nouvelles activités ou pour optimiser la performance des ressources et activités existantes.

Ce que nous avons analysé au fil de cet ouvrage nous permet de conclure que non seulement les rachats d'actions ne sont pas créateurs de valeur mais en outre, ils ne sont généralement pas non plus la meilleure chose à faire de la part des dirigeants.

Je tiens à insister sur cette nuance car il existe toujours l'exception de la société qui serait objectivement très sensiblement sous-évaluée par rapport à sa valeur intrinsèque et où racheter ses propres actions serait le signe d'une bonne gestion de la part de celle-ci. Le fait est que lorsque la société est vraiment (très) bien gérée, cela n'arrive pas.

Pour reprendre le cas de Warren Buffet, celui-ci dispose pour sa holding d'investissement, Berkshire Hathaway qui est cotée et dont il est le premier actionnaire, de l'autorisation d'effectuer des rachats d'actions à un cours représentant 120% ou moins de la valeur comptable par action. Pour autant, comme il l'a indiqué lui-même à plusieurs reprises, cela s'est révélé difficile à réaliser[51]. Sur la période 1965-2016, l'action de sa holding Berkshire Hathaway a pourtant enregistré une performance cumulée de 20,8% par an soit 2,14 fois plus que l'indice S&P 500, dividendes inclus, un signe de plus que la création de valeur réside d'abord dans la mise en œuvre d'une approche de développement de long terme de l'entreprise.

Repenser la manière dont ces rachats d'actions sont comptablement enregistrés au bilan serait donc une solution intéressante pour mieux sensibiliser les investisseurs, mieux encadrer les dirigeants et donc finalement, dans une large mesure, limiter les situations préjudiciables aux actionnaires telles que l'on peut les observer maintenant. Plutôt que de sortir les liquidités et leur contrepartie, la contrevaleur en capital,

---

[51]Buffett W. E. (2017), *Shareholder Letter 2016*, Columbus, Berkshire Hathaway

certains suggèrent de manière intéressante d'intégrer les actions rachetées au bilan de la société. Cela permettrait de neutraliser l'effet pervers de la relution du résultat par action et reflèterait de manière plus saine le retour sur fonds propres[52].

En outre, il apparaît donc nécessaire d'abandonner comme standard de comparaison entre sociétés l'indicateur du bénéfice par action. Comme analysé précédemment, celui-ci peut être largement manipulé selon les opérations mises en œuvre sur le capital de la société et il ne reflète pas toujours de manière pertinente la santé financière de la société. Ainsi, à trop se focaliser sur cet indicateur, certains investisseurs semblent oublier que l'élément fondamental déterminant la valeur d'une entreprise est d'abord et avant tout l'ampleur des flux financiers disponibles qu'arrive à générer la société.

Il incombe donc aux actionnaires la responsabilité de redonner un horizon de long terme aux dirigeants pour les sortir de leurs préoccupations de court-terme. Parmi les mesures que les actionnaires pourraient pousser, on compte notamment le fait de demander aux dirigeants de ne plus communiquer sur des prévisions de résultats et de ne plus prendre en compte le résultat par action comme paramètre de décision. Le fait de ne plus indexer la rémunération des dirigeants sur des paramètres liés au cours de l'action pourrait également avoir un impact important sur leurs méthodes de gestion.

------

[52] Smith T. (2011), *Shares Buybacks, Friend or Foe ?*, Fundsmith

Nous l'avons eu l'occasion de le voir à plusieurs reprises dans cette étude, mettre en œuvre un programme de rachat d'actions revient à privilégier une approche de satisfaction court-termiste des objectifs des actionnaires au détriment du long-terme. Cela revient pour les dirigeants à privilégier la forme plutôt que le fond. En focalisant tout à la fois leur communication extérieure et leur stratégie de direction financière de l'entreprise sur l'indicateur phare du résultat par action, ceux-ci détournent l'esprit des investisseurs des vrais sujets de développement de la valeur de l'entreprise. En cela, les dirigeants trouvent souvent un soutien précieux auprès des actionnaires les plus importants ou les plus influents qui sont généralement soit à l'initiative, soit de grands partisans de ces mesures.

En servant cette catégorie d'actionnaires, les dirigeants des entreprises cotées améliorent leur capacité à rester en poste dans la durée et donc leur rémunération. Il y a alors une collusion d'intérêts entre dirigeants et actionnaires majoritaires/influents au détriment des actionnaires passifs, minoritaires ou peu vindicatifs qui par définition ne haussent pas le ton.

Il est intéressant de noter d'ailleurs que, en parallèle de la montée en puissance des programmes de rachat d'actions, la longévité en poste des dirigeants du S&P 500 a augmenté[53] d'un an en dix ans.

---

[53] Equilar (2016), *CEO Tenure Has Increased Nearly One Full Year Since 2005*, Equilar

L'approche opportuniste et court-termiste qui se réjouit des rachats d'actions n'est ni illégale ni vraiment immorale, qui serions-nous pour en juger ? Pour autant, il est indéniable qu'à l'inverse des dividendes ou du désendettement de la société avec son excès de trésorerie, les rachats d'actions servent d'abord les intérêts des actionnaires à la recherche d'une performance de court terme.

Les investisseurs activistes l'ont bien compris et en sont la parfaite illustration à l'instar de Carl Icahn[54]. Celui-ci a enregistré une performance annualisée de 31% par an depuis 1968 avec un délai de détention moyen de 2,3 ans depuis 1994. Un résultat exceptionnel mais logique dans la mesure où de tels investisseurs activistes sont réputés réussir à faire ce que les dirigeants devraient faire, à savoir acheter les actions des sociétés quand elles sont sous-évaluées et les revendre (les annuler dans le cas des dirigeants) quand elles se sont réappréciées. Les dirigeants qui cherchent à optimiser la part variable de leur rémunération, fonction du cours de l'action, trouvent alors des soutiens de circonstance. Une situation que Lee, Park et Pearson, ont bien mise en exergue dans leur étude où ils soulignent cette accumulation d'effets que l'on pourrait qualifier de pervers[55].

En privilégiant l'horizon proche, le risque majeur pour les sociétés, et par capillarité pour les actionnaires, est que

---

[54] Rich B. (2017), *Billionaire Carl Icahn's Winning Traits*, Forbes

[55] Lee I., Park Y. J. et Pearson N. D. (2015), Repurchases have changed, *KAIST College of Business*

celles-ci prennent du retard dans le développement de nouveaux produits ainsi que dans la montée en puissance technique de leurs équipes. En outre, les sociétés risquent de ne pas forcément être en mesure de s'adapter aux évolutions de leurs marchés et, plutôt que d'être en position d'acquéreur, de devenir des cibles.

Cette situation éclaire très bien le paradoxe des marchés boursiers. En fournissant de la liquidité aux investisseurs, certains tendent à se détourner du long terme et mettent en œuvre des pratiques que l'on ne voit jamais dans le domaine de l'investissement non coté.

Les rachats d'actions ne créent donc de la valeur que si les actions sont achetées en-dessous de leur valeur intrinsèque, qu'il n'y a au moment du rachat aucune autre alternative meilleure du point de vue de la société et que celle-ci est dans une situation financière stable et saine. Il est rarissime de parvenir à cumuler ces trois conditions simultanément.

L'histoire nous a en effet démontré que la plupart des rachats d'actions était au mieux neutre, au pire destructeur de valeur.

Bibliographie

Voici la bibliographie utilisée pour la réalisation de cette étude :

- TNS Sofres (2013), *Baromètre Epargne - Vague 17*, La Banque Postale / Les Echos, page 32

- Loi n° 98-546 du 2 juillet 1998 portant diverses dispositions d'ordre économique et financier

- Esambert B. (1998), *Rapport Esambert sur le rachat par les sociétés de leurs propres actions*, Paris, Commission des Opérations de Bourse

- Poincelot D., Schatt A. (1999), *Le rachat de leurs propres actions par les sociétés cotées en bourse : bilan d'une pratique nouvelle en France*, Besançon, Université de Franche-Comté

- La Lettre Vernimmen n°146 (2017), Rachat d'actions et dividendes en 2016, *La Lettre Vernimmen n°146*

- Quiry P. et Le Fur Y. (2016), *Pierre Vernimmen, Finance d'entreprise*, Paris, Dalloz

- La Lettre Vernimmen n°145 (2016), Facebook applique le Vernimmen, *La Lettre Vernimmen n°145*

- Boston Consulting Group (1980), *Les mécanismes fondamentaux de la compétitivité*, Paris, Hommes et Techniques

- Jensen M. C. et Meckling W. H. (1976), *Theory of the firm: Managerial behavior, agency costs and ownership structure*, Rochester, Université de Rochester

- Lefilliâtre J. (2016), *Bolloré et les 2,5 milliards d'euros que ne verront jamais les salariés de Canal+*, Libération

- Pedersen M. E. H. (2014), *The Value of Share Buybacks*, Luxembourg, Hvass Laboratories

- Association Technique d'Harmonisation (2016), *Zoom sur les rémunérations de 400 dirigeants de sociétés cotées – 2015*, Paris, CPC

- Le Revenu (2016), Tableau des rémunérations des dirigeants du CAC 40 en 2015, *Le Revenu*

- AFEP-MEDEF (2016), *Code de gouvernement d'entreprise des sociétés cotées*, Paris

- Décret n° 2017-340 du 16 mars 2017 relatif à la rémunération des dirigeants et des membres des conseils de surveillance des sociétés anonymes cotées

- Autorité des Marchés Financiers (2017), *Guide relatif aux interventions des émetteurs cotés sur leurs propres titres et aux mesures de stabilisation*, Paris

- Règlement (UE) n°596/2014 du Parlement Européen et du Conseil du 16 avril 2014 sur les abus de marché (règlement relatif aux abus de marché) et abrogeant la directive 2003/6/CE du Parlement européen et du Conseil et les directives 2003/124/CE, 2003/125/CE et 2004/72/CE de la Commission

- Abdia M. et Boubaker S. (2012), Rachat d'actions : les raisons d'un engouement, *Sociétal*, n°77

- Vermaelen T. (1981), *Common stock repurchases and market signaling: An empirical study*, INSEAD, Paris

- Quiry P. et Le Fur Y. (2004), *Les rachats d'actions*, Paris, Les Echos

- Raval P. (2012), *Do Buyback of Shares Increase Shareholder Value?*, Université de Mumbai

- Dereeper S. et Moron F. (2006), Rachats d'actions versus dividendes : effet de substitution sur le marché boursier français ?, *Revue Finance Contrôle Stratégie*, 2006, vol. 9, issue 1, 157-186

- Buffett W. E. (2017), *Shareholder Letter 2016*, Columbus, Berkshire Hathaway

- Immelt J. R. (2016), *Shareholder Letter to Investors*, New York, General Electric

- Marino J. (2015), Hedge funds are shaking up corporate America and Wall Street couldn't be happier, Business Insider

- Fink L. (2017), *Annual letter to CEOs – I write on behalf of our clients…*, New York, BlackRock

- Bryan B. (2016), *US companies have spent $2 trillion doing something that has absolutely no impact on their business*, Business Insider

- Brinson G. P., Hood L. R. et Beebower G. L. (1986), Determinants of Portfolio Performance, *The Financial Analysts Journal* et une mise à jour avec Brinson G. P., Singer B. D. et Beebower G. L. (1991), Determinants of Portfolio Performance II: An Update, *The Financial Analysts Journal*, 47, 3.

- Jiang B. et Koller T. (2011), The savvy executive's guide to buying back shares, New York, Mc Kinsey

- Huang R. (2017), *Are Open Market Share Repurchase Programs Really Flexible ?*, Urbana-Champaign, Université de l'Illinois

- Ezekoye O. et Koller T. et Mittal A. (2016), How share repurchases boost earnings without improving returns, New York, Mc Kinsey

- Englund E. (2011), Buyback Blowback at Kodak, Boise, *Boise State University*

- Smith T. (2011), *Shares Buybacks, Friend or Foe ?*, Fundsmith

- Equilar (2016), *CEO Tenure Has Increased Nearly One Full Year Since 2005*, Equilar

- Rich B. (2017), *Billionaire Carl Icahn's Winning Traits*, Forbes

- Lee I., Park Y. J. et Pearson N. D. (2015), Repurchases have changed, *KAIST College of Business*

- Chen T.-Y., Yu C.-H. et Kao L.-J. (2016), Why share repurchases are not a panacea for increasing share prices, Kaiman University, *The International Journal of Business and Finance Research*, Vol. 10, No. 3, 2016, pp. 61-73

- Bradley, Daniel, Pantzalis C., and Yuan X. (2016), We analyze the impact of share repurchases on liquidity based on a new comprehensive data set of realized share repurchases in the US, which covers 50,204 repurchase months between 2004 and 2010, *Journal of Financial Economics*, 119.1: 186-209

- Eisenhardt, Kathleen M. (1989), Building theories from case study research, *Academy of management review*, 14.4, 532-550

- Wruck, Hopper K. (1990), Financial distress, reorganization, and organizational efficiency, *Journal of financial economics*, 27.2: 419-444

- Ikenberry, David, Lakonishok J. et Vermaelen T. (1995), Market underreaction to open market share repurchases, *Journal of Financial Economics*, 39:2-3, 181-208

- Barraud C. (2008), Les rachats d'actions peuvent-ils être un substitut aux dividendes ?, Paris, *Université Paris-Dauphine*

- Brunel A. (2011), Impact des rachats d'actions sur la liquidité et la rentabilité des actions, Paris, *Université Paris-Dauphine*

En outre, j'ai été amené à beaucoup lire sur des sites internet d'entreprises, d'autorités ou de médias :

- Autorité des Marchés Financiers
- Berkshire Hathaway
- Bloomberg
- Business Insider
- CNBC
- Finance Innovation
- Forbes
- Les Echos
- MEDEF
- Sanofi
- Securities Exchange Commission
- Vernimmen